ABC
do bem-estar
animal

Dados Internacionais de Catalogação na Publicação (CIP) de acordo com ISBD

P419a   Penteado, Mariana Ribeiro.

ABC do bem-estar animal / Mariana Ribeiro Penteado ; ilustrado por João Anselmo N. Menezes. - Jandira, SP : Ciranda Cultural, 2023.
32 p. : il. ; 20,10cm x 26,80cm.

ISBN: 978-65-261-0741-6

1. Literatura infantil. 2. Animais. 3. Animais de estimação. 4. Defesa dos animais. I. Menezes, João Anselmo N. II. Título.

2023-1131

CDD 028.5
CDU 82-93

Elaborado por Lucio Feitosa - CRB-8/8803

Índice para catálogo sistemático:
1. Literatura infantil 028.5
2. Literatura infantil 82-93

© 2023 Ciranda Cultural Editora e Distribuidora Ltda.
Texto © Mariana Ribeiro Penteado
Ilustrações: João Anselmo N. Menezes e Kumeko/Shutterstock.com
Produção: Ciranda Cultural
Preparação: Fátima Couto
Revisão: Lígia Arata Barros e Angela das Neves
Diagramação: Edilson Andrade

1ª Edição em 2023
www.cirandacultural.com.br
Todos os direitos reservados. Nenhuma parte desta publicação pode ser reproduzida, arquivada em sistema de busca ou transmitida por qualquer meio, seja ele eletrônico, fotocópia, gravação ou outros, sem prévia autorização do detentor dos direitos, e não pode circular encadernada ou encapada de maneira distinta daquela em que foi publicada, ou sem que as mesmas condições sejam impostas aos compradores subsequentes.

Mari Penteado

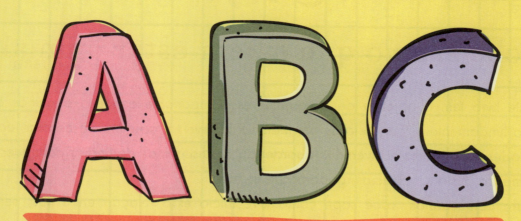

Olá!

Você sabe o que é bem-estar animal?

Este livro tem o objetivo de apresentar esse importante conceito a alunos do ensino fundamental I, por meio de um material transversal ao currículo escolar, com atividades envolventes e divertidas abordando as disciplinas de língua portuguesa, matemática, história, ciências, geografia e inglês.

Para começarmos, você sabe como teve início essa relação entre nós, seres humanos, e os cachorros e os gatos?

Há aproximadamente dez mil anos, mas em locais e períodos distintos, cães e gatos foram domesticados pelo homem visando o seu benefício próprio, para segurança e controle de predadores em produções agrícolas. Essa aproximação foi evidenciada por ossadas animais encontradas próximo às de seres humanos.

O nosso relacionamento, porém, mudou muito ao longo do tempo. Alguns desses animais saíram da área externa das casas e passaram a ter um espaço em nosso sofá e em nosso coração. Cada vez mais, para milhões de pessoas, esses bichinhos de estimação (ou *pets*, em inglês) tornam-se nossos companheiros próximos, e diversas pesquisas apontam os benefícios físicos e emocionais que essa convivência nos traz.

E o contrário? Nós também estamos fazendo bem a eles? Sabemos como cuidar desses animais corretamente e da maneira que eles merecem?

O bem-estar animal é mais do que uma questão de opinião. É uma ciência. E é dela que falaremos nas páginas a seguir.

Bom divertimento!

Este livro pertence a:
_____

A
Adoção

ABRIGO DE ANIMAIS →

Adotar um gato ou um cachorro é um ato de amor, de carinho e de respeito, que precisa ser preservado por toda a vida do animal.

Adotar significa assumir responsabilidades para com um ser vivo. Para ter um pet, precisamos de uma estrutura mínima: alimentação adequada, água fresca e trocada frequentemente, um espaço apropriado e dedicar um tempinho diário às brincadeiras, aos passeios e à higiene.

Existem muitos animais nas ruas ou em abrigos que precisam de um lar e uma família que lhes proporcione uma vida digna.

Esses animais estão, certamente, preparados para receber e oferecer muito amor.

Adote essa ideia!

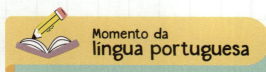

Momento da língua portuguesa

Imagine que você acabou de adotar um cachorro. O que você precisa ter em casa para receber o animal e lhe dar uma vida confortável?

_____
_____
_____
_____
_____
_____

Sugestão: espaço adequado, trocas frequentes da água, alimentação adequada.

Bem-estar

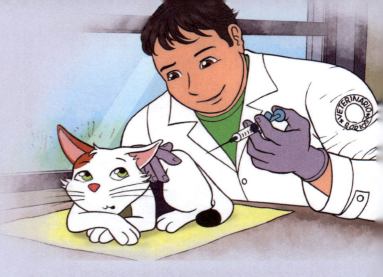

O bem-estar está relacionado à sensação de segurança, conforto e tranquilidade. Logo, proporcionar bem-estar para o seu pet vai além de uma boa alimentação, água limpa, lugar adequado, passeios e brincadeiras. Precisamos também cuidar da higiene e da saúde dele.

Lembramos que há órgãos, prefeituras e clínicas que fazem campanhas de vacinação dos animais de companhia. Em campanhas anuais contra a raiva, por exemplo, as vacinas são oferecidas gratuitamente. Mas, atenção: nem todas as vacinas necessárias são distribuídas sem custo, como as múltiplas, que protegem contra as principais doenças que afetam os cães e nem sempre estão disponíveis nos postos públicos.

Conhecer as necessidades e saber que o comportamento do seu pet mostra satisfação ou insatisfação ajuda você a lhe dar uma vida mais feliz.

Assim, já que eles nos amam sem pedir nada em troca, nada mais justo do que caprichar nos cuidados com os bichinhos.

Hora da matemática

A Em um bairro de uma cidade há 25 cães. Durante a campanha de vacinação, foram registrados, na parte da manhã, 17 cães vacinados. Quantos cães ainda não tomaram a vacina?

_____

B O posto de vacinação recebeu 40 doses de uma vacina. Sabendo que há 25 cães no bairro, quantas doses sobrarão se todos os cães tomarem a vacina?

_____

C Em toda a cidade há 203 gatos. Durante toda a campanha de vacinação, foram registradas 189 vacinas aplicadas nos felinos. Quantos gatos não tomaram a vacina?

_____

Respostas: A - 8 cães, B - 15 doses, C - 14 gatos.

Castração

Castração é o nome de um procedimento feito pelos médicos-veterinários em cães e gatos para evitar que eles tenham filhotes. Quanto antes ela for realizada, a partir do quarto mês de idade, melhor para a saúde do seu animal de companhia.

É muito importante fazer a castração, independente do sexo, porque isso ajuda a reduzir o número de animais abandonados.

Os filhotes de gatos e cachorros são realmente lindos, mas muita gente os abandona nas ruas e eles ficam sem um lar, sem alimento, sem carinho, enfim, sem cuidados. E isso não é bom!

É por causa desse abandono e descaso com os bichinhos que castrá-los se torna fundamental.

A castração também traz benefícios à saúde deles, evitando alguns tipos de doenças, e diminui comportamentos instintivos indesejados.

Procure já um médico-veterinário e castre o seu animalzinho o quanto antes!

 De olho na história

Um animal abandonado pode oferecer riscos a uma população, pois a falta de cuidados e higiene pode causar doenças e prejudicar as pessoas que tiverem contato com ele, criando assim um problema social.

Faça uma pesquisa e aponte possíveis soluções adequadas para a questão da superpopulação de animais abandonados.

_____

Sugestão de resposta: Cuidar bem de seu animal, castrá-lo, não deixá-lo ter acesso às ruas sem supervisão e muito menos abandoná-lo.

Doença

O cuidado com a saúde dos nossos animais de estimação é fundamental para eles e para nós.

Dar-lhes uma vida saudável é nossa responsabilidade, e cuidar da saúde deles muitas vezes pode significar cuidar da nossa própria saúde. Afinal, existem muitas doenças que podem ser transmitidas dos animais para as pessoas, e vice-versa. É o caso da raiva.

Se um gato ou um cachorro estiver com o vírus da raiva, ele pode passar essa doença para o ser humano por meio da saliva, do contato com alguma ferida do animal ou até por arranhadura. Mas lembre-se: manter a vacinação em dia pode proteger o seu animal contra essas doenças.

Os parasitas também podem ser prejudiciais tanto aos animais quanto aos seres humanos, transmitindo doenças. O carrapato é um exemplo de parasita muito conhecido e que causa doenças capazes de desenvolver infecções e anemias graves. Uma doença muito conhecida causada pelos carrapatos é a febre maculosa.

A pulga também é um parasita, e a picada pode causar irritações ou lesões que podem levar à instalação de fungos e bactérias na pele.

As pulgas, ao contrário do que muitos pensam, não "moram" no corpo dos animais. Elas vão até o animal apenas para se alimentar do sangue dele. Elas vivem mesmo é nos cantinhos das casas, em colchões e em tapetes, entre outros lugares com os quais os seres humanos possam ter contato.

Para evitar que esses parasitas apareçam, é bom caprichar na higiene do seu pet e do ambiente onde ele vive.

Existe um profissional que cuida da saúde dos animais, o médico-veterinário. Sempre que houver alguma dúvida sobre a saúde ou o comportamento do seu bichinho, consulte um médico-veterinário, que certamente lhe dará uma orientação adequada.

Ciências em ação

Complete as frases com o número correspondente de cada palavra:

1 - DOENÇAS | 2 - VACINAS | 3 - RAIVA

A Existem _____ que podem ser transmitidas dos animais para as pessoas.

B A _____ é um exemplo de doença que pode ser transmitida do animal para o ser humano.

C Manter as _____ em dia é uma maneira eficaz para evitar muitas doenças.

Respostas: A - 1, B - 3, C - 2.

Espaço adequado

Quando falamos em espaço adequado para um animal, devemos levar em consideração a espécie e o porte dele. Um gato, por exemplo, não exige o mesmo ambiente que um cachorro, que pode ou não precisar de um grande quintal. Isso depende muito do tamanho, da idade e da personalidade do animal.

Por exemplo, muitas pessoas que moram em apartamentos têm cachorros e os amam, garantindo o seu bem-estar por meio de passeios diários e **brinquedos** que estimulem a saúde física, mental e emocional deles.

Uma coisa é certa: não podemos limitar os movimentos necessários do animal, prendendo-o a correntes ou em espaços reduzidos, que dificultam a sua naturalidade. Além disso, o animal deve ter um **abrigo** onde possa se proteger do sol, da chuva, do calor, do frio e do vento.

É importante também que esse ambiente esteja protegido contra fugas, com **muros** e/ou **portões** adequados e em bom estado, além de **redes** de proteção, que também evitam quedas.

Ao tomar esses cuidados, você certamente estará zelando pelo bem-estar do seu animal.

Vamos praticar geografia

Observe abaixo os desenhos de um apartamento e de uma casa. Identifique as palavras destacadas no texto e, desenhando-as, deixe esses ambientes mais apropriados para os animais. Depois, desenhe e pinte o seu amigo.

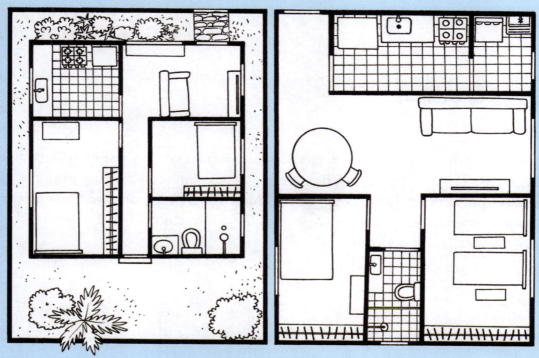

9

F

Fogos de artifício

Fogos de artifício são sinais de comemoração. Mas, caso você tenha um animalzinho, pode ser que ele sinta medo ou até mesmo dores nos ouvidos se os fogos forem de explosão ou barulhentos. O melhor é que, nesses dias em que os fogos estão mais intensos, ele possa ter um lugar mais tranquilo para ficar.

Outra dica é deixá-lo no ambiente onde ele se sente seguro e confortável, como um cômodo específico da casa em que ele goste de ficar. Melhor ainda se você estiver por perto, para passar segurança e diminuir um pouquinho esse medo.

Caso não seja possível, também vale a pena deixar com o animal uma peça de roupa que tenha o seu cheiro.

Seja qual for a comemoração, o ideal mesmo é fazer uso apenas de fogos de artifício silenciosos, sempre pensando no bem-estar de todos os animais.

Momento da língua portuguesa

Em que épocas do ano percebemos que os animais têm mais medo do barulho dos fogos de artifício?

_____

Algumas cidades proibiram os fogos de artifício não apenas por causa dos cães e gatos, mas também por causa das aves (que acabam tendo a vida prejudicada), dos rios (que serão poluídos com os resíduos dos fogos) e de eventuais queimaduras provocadas por acidentes no seu manejo incorreto.
O que você acha dessa proibição?

_____

_____

Sugestão de resposta: Ano-Novo, Copa do Mundo, festas juninas.

Guarda responsável

Animais são seres capazes de sentir conscientemente sensações e sentimentos, e entendem o que acontece ao redor deles.

Antes de ter um pet, precisamos nos informar sobre as características e necessidades específicas de cada espécie e raça, e saber quais serão nossos deveres e obrigações para com ele.

A guarda responsável estabelece obrigações em relação à saúde, à segurança e ao conforto desses bichinhos, além de reduzir o abandono e abrandar animais em situação de maus-tratos.

Para sermos tutores responsáveis, precisamos garantir:

- alimentação adequada à espécie, ao porte e à idade, no mínimo duas vezes ao dia, e água fresca e limpa à disposição;
- cuidados de saúde, como a castração e visitas regulares a um médico-veterinário para vacinas anuais, proteção contra parasitas e orientações sobre higiene;
- identificação constante em plaquinha com telefone e, se possível, identificação permanente, com *microchip*;
- espaço confortável, limpo e seco, com abrigo de sol, chuva, vento, calor;
- passeios diários com os cães, com coleira e guia, evitando sol forte e solo quente e descartando as fezes corretamente;
- ambiente emocional agradável, com brincadeiras, respeitando as limitações e características deles e acostumando-os a diferentes estímulos, pessoas e animais;
- evitar deixá-los sozinhos por longos períodos e garantir cuidados também quando formos viajar;
- muros, cercas, grades, portões e redes de proteção ou telas para janelas e sacadas, prevenindo fugas e quedas;
- acompanhamento durante a velhice deles, com cuidados veterinários, afeto e dignidade.

E lembre-se: maltratar ou abandonar um animal é crime!

English time

A discussão sobre a guarda responsável vem ganhando espaço em todo o mundo. Vamos aprender algumas palavras sobre bem-estar animal em inglês?

AFETO – *AFFECTION*
PROTEÇÃO – *PROTECTION*
IDENTIFICAR – *IDENTIFY*
CONFORTÁVEL – *COMFORTABLE*

Agora é a sua vez. Com a ajuda do(a) professor(a), faça uma pesquisa e descubra como se falam e se escrevem em inglês as seguintes palavras:

A PASSEIO _____
B ALIMENTO _____
C ÁGUA _____
D BRINQUEDO _____

Respostas: A - walk, B - food, C - water, D - toy.

Higiene

Manter a higiene dos cães e dos gatos é muito importante. Deixar os animais limpinhos faz com que as pulgas e os carrapatos fiquem bem longe deles, além de proporcionar conforto.

Como já foi dito, a falta de higiene pode causar doenças nos animais, e estas podem ser transmitidas para as pessoas que convivem com eles, ou seja, isso é ruim tanto para eles como para vocês.

O banho ajuda a manter a higiene dos seus pets, mas lembre-se: os gatos não têm a mesma necessidade de banho que os cães, pois já fazem a própria higiene por meio de lambidas. Mas, de vez em quando, até mesmo eles precisam de um banho!

Escovação frequente dos pelos, corte das unhas, limpeza dos dentes e manutenção de um ambiente limpo (sem resíduos de xixi e de cocô) também ajudam a manter os nossos cães e gatos limpos e saudáveis!

Ciências em ação

PENSANDO NO BEM-ESTAR ANIMAL, FORME FRASES COM AS PALAVRAS:

BANHO: _____

SAÚDE: _____

HIGIENE: _____

AMBIENTE: _____

LIMPO: _____

COMPLETE AS FRASES:

Eu cuido da minha higiene porque...
_____

Eu cuido da higiene do meu pet porque...
_____

12

Identificação

Você pode identificar o seu bichinho por meio de uma coleira com placa de identificação e telefone de contato.

Assim, em caso de perda ou fuga, ele pode ser encontrado, evitando que vocês sofram e haja acidentes nas ruas.

Além disso, recomenda-se uma identificação permanente, como o *microchip* colocado sob a pele.

O tipo de registro pode variar de acordo com cada estado do Brasil. Cada região tem uma maneira específica de coletar e registrar esses bancos de dados.

Independente do tipo de identificação, existe uma luta para que o número de perda e de abandono dos animais diminuam consideravelmente.

De olho na história

Veja abaixo uma carteirinha de identificação animal. Com base nela, preencha a carteirinha que está em branco com dados do seu animal de estimação. Caso você não tenha um animal de estimação, complete com informações do animal de um amigo ou de um familiar.

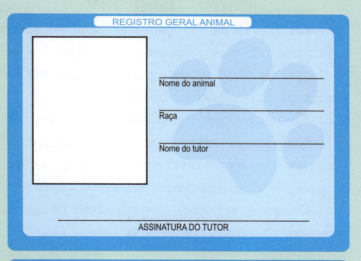

13

J

Já pensou nisso?

Na hora de adotar um animal, seja gato ou cachorro, a maioria das pessoas acaba optando por filhotes. Julgam que são mais bonitos e acreditam que podem ter um controle maior sobre o comportamento deles.

É normal cada um ter uma opinião na hora de adotar um pet. O que acontece é que os animais adultos acabam não tendo a chance de ter uma família. Eles envelhecem nos abrigos ou nas ruas.

Há vantagens em adotar um animal adulto. Pense bem, o animal adulto já tem as suas características definidas: já sabemos se é tranquilo, se é agitado, bravo ou manso, se gosta de crianças e se sabe conviver com outros animais, entre outras peculiaridades.

Os animais de pelagem preta também apresentam dificuldade na adoção. Ninguém justifica por quê, mas gatos e cachorros pretinhos muitas vezes também passam a vida inteira nos abrigos ou nas ruas. Uma pena, pois são tão lindos e tão cheios de amor para dar quanto os animais de qualquer outra cor!

Os animais com algum tipo de deficiência são, sem dúvida, os que mais sofrem preconceito. Muitas pessoas acham que dá muito trabalho cuidar de um animal que, por exemplo, nasceu sem pata ou algum outro membro, mas não! Eles acabam se adaptando a essa condição. Fora que esses bichinhos precisam de muito amor e carinho, coisa que eles retribuem muito bem.

De qualquer forma, é sempre bom pensar bem antes de adotar um pet, para que vocês tenham uma ótima convivência.

De olho na história

No texto acima, vimos que existe uma **discriminação** por causa das diferentes características dos animais. O que você acha disso?

_____
_____
_____
_____

Kind

Ah, os gatos... *Kind cats...*

Ter um gato não é apenas prazeroso. Os benefícios dessa amável companhia vão além de não sentir solidão e de sorrir das suas gracinhas. Algumas pesquisas sobre isso comprovam que:

• os felinos são os animais mais limpinhos que existem;

• eles expressam de várias maneiras o carinho por seus tutores e adoram ser mimados;

• são independentes na hora de fazer as necessidades, o que ajuda nos dias em que tiverem que passar muito tempo sozinhos;

• são animais silenciosos, *and they sleep a lot*;

• pessoas que têm pouco espaço e gostariam de ter um *pet* podem adotá-los tranquilamente, pois eles se adaptam com facilidade;

• geralmente, eles são excelente companhia para crianças e idosos, por terem um temperamento calmo.

Cats are lovely!

English time

Você reparou que, no texto acima, existem algumas palavras e frases que estão em inglês? Circule-as, reescreva-as no espaço abaixo e faça a tradução delas.

A _____

B _____

C _____

D _____

E _____

A - *Kind* - amável, B - *Kind cats* - gatos amáveis, C - *And they sleep a lot* - e eles dormem muito, D - *Pet* - animal de estimação, E - *Cats are lovely!* - gatos são adoráveis.

15

Lar temporário

Sabemos que existem pessoas que fazem o resgate de animais em situação de risco e os ajudam a achar um novo lar e uma família para viverem felizes.

Porém, muitas vezes as pessoas que fazem esse trabalho se deparam com um problema muito sério: a falta de espaço para abrigar novos animais. O abandono de animais é muito maior que o número de adoções, pois as pessoas não aprenderam ainda a serem tutores responsáveis, além de muitas preferirem comprar animais "da moda" em vez de adotar aqueles que estão abandonados e precisam de um lar. Com isso, os abrigos estão sempre muito cheios.

Pensando em uma maneira eficaz para não desamparar um animal por causa da falta de espaço, os lares temporários devem ser incentivados.

Dar um lar temporário a um cachorro ou gato é assumir o compromisso de cuidar dele em nossa casa até que ele seja adotado por uma família definitiva.

A pessoa que oferece lar temporário para um animal deve estar ciente de que esse bichinho que estava na rua pode ter sido abandonado ou ter sofrido maus-tratos e, por isso, ter alguns traumas, como medo de pessoas e/ou de barulho. Ele pode precisar de muito carinho e paciência. Ter essa disponibilidade e essa sensibilidade certamente fará uma grande diferença na recuperação dele.

Oferecer um lar temporário é um ato de amor aos animais, mas há um sério risco de a família se apaixonar pelo bichinho e ela própria adotá-lo!

Hora da matemática

Algumas pessoas se ofereceram para dar um lar temporário para alguns animais. Com base nessa informação, complete a tabela:

NÚMERO DE ANIMAIS	NÚMERO DE LARES TEMPORÁRIOS	COM QUANTOS ANIMAIS CADA PESSOA FICARÁ?
A 4 GATOS	2	
B 6 CACHORROS	3	
C 10 CACHORROS	5	
D 9 GATOS	3	

Respostas: A - 2, B - 2, C - 2, D - 3.

Maus-tratos

Maus-tratos são o contrário de bem-estar.

Existe uma luta incansável para que os maus-tratos aos animais acabem de uma vez por todas.

Algumas pessoas praticam maus-tratos por falta de informação. Às vezes, acham que estão protegendo um animal, mas, na verdade, elas o estão prejudicando. Por isso, devemos nos informar e aprender sempre para não fazermos o que é errado e ruim para os bichinhos.

Exemplos de maus-tratos são:
- abandonar;
- machucar;
- envenenar;
- manter preso por correntes por longos períodos;
- manter em locais muito pequenos;
- não cuidar da higiene;
- não proteger do sol, da chuva, do calor, do frio e do vento;
- não dar água e comida;
- não prestar assistência veterinária ao animal necessitado; e
- expô-lo ao medo e ao estresse.

Maltratar um animal é considerado crime ambiental, e a pessoa que fizer isso será punida, inclusive com multa.

Nunca devemos maltratar aquele ser que está cheio de amor para nos dar.

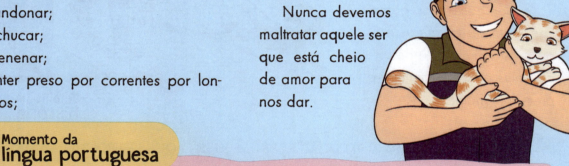

Momento da língua portuguesa

Elabore um texto incentivando as pessoas a não maltratarem os animais, e sim a amá-los:

_____
_____
_____
_____
_____
_____

Nosso convívio

Pesquisas apontam que ter animais de estimação pode trazer alguns benefícios à saúde de seus tutores. Confira alguns desses benefícios:

- além de lindos, esses companheiros podem ajudar na redução do estresse e na diminuição da depressão;
- crianças pequenas que têm animais em casa correm menos risco de ter asma e alergias;
- podemos dizer que os cachorros ajudam a manter uma vida ativa, já que precisamos levá-los para caminhar;
- os cães e os gatos fazem bem ao coração, pois, além do seu amor, a presença deles ajuda a diminuir a pressão sanguínea.

De olho na **história**

FAÇA UMA PESQUISA COM DUAS PESSOAS. USE O QUESTIONÁRIO ABAIXO:

Qual é o seu nome?
_____

Qual é a sua cidade?
_____

Você mora em casa ou apartamento?
_____

Você tem algum animal de estimação?
_____

Na sua opinião, que benefícios um animal de estimação pode trazer para uma pessoa? E que benefícios você pode oferecer para os cães e gatos?

Você sabia que ter um animal de estimação pode fazer bem para nossa saúde? Nesta questão, conte para o entrevistado os benefícios que um animal de estimação pode trazer ao seu tutor.
_____

Olfato

Nós, seres humanos, usamos os cinco sentidos para perceber muitas coisas ao nosso redor.

A visão é o sentido que nos permite enxergar. Com o paladar, sentimos os sabores. Já com o tato, podemos ter as sensações de quente ou frio, duro ou mole, liso ou áspero. A audição nos faz ouvir, e o olfato nos permite sentir cheiros.

O olfato é o sentido mais aguçado nos cachorros. Eles podem sentir cheiros bem fraquinhos e que estão longe, e, por isso, muitos são treinados para atuarem como cães farejadores no salvamento de pessoas ou cães policiais.

Esse sentido é muito mais intenso nos cães e gatos do que nos seres humanos, e o órgão responsável pelo olfato é o nariz (ou focinho, nos animais!).

Sabemos que cada sentido é representado por um órgão. Observe a imagem e escreva o nome dos sentidos relacionados a cada órgão.

Respostas: A - Audição, B - Paladar, C - Tato, D - Audição, E - Paladar, F - Tato, G - Visão, H - Olfato, I - Visão, J - Olfato.

P

Passeios

O passeio é uma das atividades mais prazerosas na rotina dos cães. Passeios diários são fundamentais para eles, pois permitem que se exercitem física, mental e emocionalmente, socializando com outros animais e pessoas. Nunca solte, porém, qualquer animal na rua sem supervisão. Eles devem passear com alguém que possa contê-los, sempre com coleira e guia, prevenindo fugas, atropelamentos, acidentes, brigas, etc. Um animal educado – se necessário, por meio de adestramento – tem limites definidos e responde a comandos, o que pode ajudar, por exemplo, caso ele escape da guia.

Durante o passeio, é importante manter o seu bichinho hidratado e evitar horários de sol forte, pois o solo quente pode causar desconforto e até queimaduras nas patas dos animais. Além disso, recolha e descarte os dejetos dele apropriadamente, inibindo a transmissão de doenças.

Ao contrário do que muitos pensam, os gatos, por sua vez, não devem ter acesso à rua sozinhos, pois podem sofrer acidentes e maus-tratos, brigar com outros animais e contrair doenças. Por isso, devem permanecer dentro de casa, em um ambiente enriquecido com móveis, prateleiras e outros acessórios que possibilitem que eles expressem os seus comportamentos naturais.

Vamos praticar geografia

PINTE O MAPA DE ACORDO COM AS FRASES.

A Bernardo passeia todas as manhãs com a cachorra dele. Ele mora no estado de São Paulo, onde há muitos parques para passear.
Pinte o estado de São Paulo de verde.

B Alice passeia com o cachorro dela de manhã cedo e à noite, porque ela mora em Pernambuco, onde faz muito calor. O chão quente pode ferir as patas do cachorro de Alice.
Pinte o estado de Pernambuco de azul.

C Otávio zela pela segurança do seu gato, por isso colocou telas nas janelas do seu apartamento, que fica em Santa Catarina.
Pinte o estado de Santa Catarina de amarelo.

Resposta na página 32.

Qualidade alimentar

A qualidade de vida dos seres vivos está relacionada a vários fatores, e um dos mais importantes é a alimentação.

Assim como nós, seres humanos, os gatos e os cachorros também precisam se alimentar bem e ter água limpa e fresca à vontade.

Nem tudo o que nós comemos pode ser oferecido a esses animais. Por exemplo, chocolate, abacate, alho, cebola, doces e massas são alimentos que fazem muito mal para eles.

Por isso, devemos oferecer aos nossos bichinhos o que é realmente necessário para alimentá-los, sem prejudicar a sua saúde, como rações e comidas caseiras balanceadas contendo arroz, legumes e carnes cozidas sem tempero.

Os ossos não são alimentos indicados para oferecer aos animais, principalmente os de frango, pois são perigosos e podem machucar a boca e a parte interna da barriga deles.

Hora da matemática

Um pacote cheio de ração pesa 200 gramas. Quantos gramas sobrarão se um cachorro comer...?

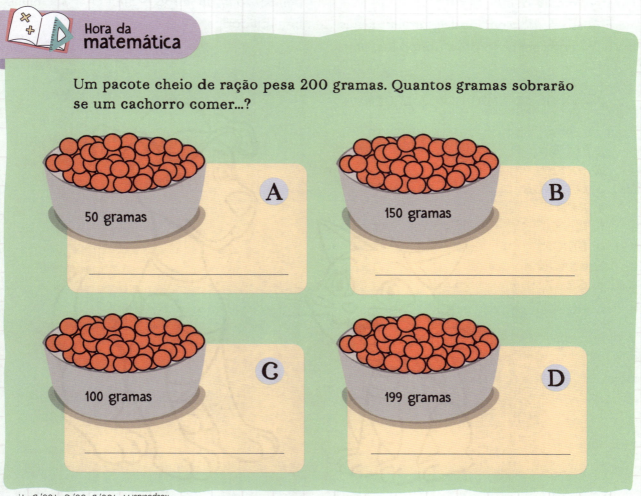

A - 50 gramas
B - 150 gramas
C - 100 gramas
D - 199 gramas

Respostas: A - 150, B - 50, C - 100, D - 1.

Responsabilidade

Quando adotamos um animal, precisamos entender que o bem-estar dele está completamente em nossas mãos. Isso se chama guarda responsável.

Para ter um pet, devemos nos perguntar:
- eu tenho a disponibilidade de que ele necessita?
- tenho condições financeiras para mantê-lo?
- poderei garantir o bem-estar dele por todas as fases da sua vida, sendo que ela dura em média quinze anos?

É nossa responsabilidade garantir a eles um bom lugar em casa para abrigá-los, uma alimentação adequada e cuidados veterinários sempre que necessitem. Não podemos nos esquecer das vacinas e, não menos importante, do carinho.

Passeios, higiene e atenção são fundamentais para os animais. Devemos pensar em todos esses detalhes antes de adotar um bichinho, pois é essencial assegurar que esses itens sejam sempre cumpridos.

Os animais são seres vivos que gostam de dar e de receber carinho e atenção. São ótimos companheiros e merecem ser muito bem cuidados.

English time

PINTE DE ACORDO COM A LEGENDA:

1. BLUE
2. GREEN
3. ORANGE
4. RED
5. PINK
6. BEIGE
7. BLACK
8. GRAY

Saúde única

Você já ouviu falar de saúde única?

Esse conceito traduz a união entre a saúde animal, humana e ambiental.

Isso significa que precisamos analisar a questão da saúde animal em um contexto global.

Como vimos, muitas doenças podem ser transmitidas do ambiente aos animais e deles aos seres humanos. A prevenção e o combate a elas podem ocorrer por meio da atuação conjunta entre os médicos-veterinários, os médicos e outros profissionais da área da saúde, como psicólogos, assistentes sociais e agentes comunitários.

Você também pode contribuir com esse ciclo cuidando da sua própria higiene e saúde, assim como do seu animal e do ambiente que vocês compartilham.

Ao prevenir e curar doenças nos animais, visamos também à proteção dos seres humanos e da humanidade.

Ciências em ação

Procure as palavras em destaque no diagrama e forme uma frase para cada palavra. As frases devem estar relacionadas ao bem-estar animal.

SAUDÁVEL   HIGIENE

VIDA   DOENÇAS

A	J	F	S	U	S	S	R	X	S	T	B	Y
D	Q	G	V	Ã	S	A	D	C	B	N	Ç	M
T	F	R	M	A	E	U	F	S	Ã	Z	R	K
G	B	Á	Z	X	W	D	V	G	J	L	G	E
H	D	S	A	W	H	Á	E	Y	M	I	Á	G
J	R	D	G	T	K	V	R	Y	D	T	T	Z
D	K	H	I	G	I	E	N	E	F	N	R	W
I	N	V	Y	E	Q	L	Ã	Y	P	S	V	B
K	H	N	T	E	L	I	G	G	N	Ç	I	A
J	O	L	I	M	T	E	L	R	O	C	D	B
G	B	V	M	H	U	M	F	R	V	N	A	M
F	D	O	E	N	Ç	A	S	V	B	F	D	T
D	A	I	N	F	H	L	G	V	E	L	E	F

Resposta na página 32.

23

Toxoplasmose

Cuidar da saúde dos animais vai além de cuidar apenas deles. Sabemos que, quando cuidamos da saúde deles, prevenimos também problemas de saúde para nós, seres humanos.

A toxoplasmose, por exemplo, é uma doença causada por um parasita encontrado nas fezes dos felinos infectados.

O que muitos não sabem é que o gato não é o único vetor dessa doença. Ela também pode ser adquirida por meio da ingestão de alimentos contaminados, como carne crua ou malpassada, principalmente de porco e de carneiro. Mas lembre-se: apenas a carne do animal infectado pode transmitir toxoplasmose. Outra situação é a dos vegetais que podem ter sido contaminados pelas fezes de um felino infectado, prejudicando assim quem ingerir esse alimento.

A ingestão de um alimento contaminado pode infectar quase todas as partes do organismo humano, incluindo cérebro, músculos e até mesmo o coração. Isso varia de acordo com o sistema imunológico de cada pessoa. Para quem tem o sistema imunológico mais forte, os sintomas são parecidos com os da gripe, porém pessoas mais frágeis podem apresentar convulsões, visão turva e pneumonia, entre outros sintomas.

Há maneiras de diminuir as chances de um gato contrair a toxoplasmose, como não dar carne crua ou malpassada a ele, manter uma boa higiene dentro de casa e limitar o acesso dele à rua, evitando que ele tenha contato com o parasita.

Não se esqueça: apenas as fezes de felinos infectados podem transmitir a toxoplasmose!

Momento da língua portuguesa

Faça um acróstico com a palavra TOXOPLASMOSE. As palavras devem estar relacionadas ao bem-estar animal. Em seguida, faça um desenho de um gato saudável.

T _____
O _____
X _____
O _____
P _____
L _____
A _____
S _____
M _____
O _____
S _____
E _____

Sugestão de resposta: T - toxoplasmose, O - olfato, X - xodó, O - obediente, P - passear, L - lar temporário, A - adotar, S - segurança, M - melhor amigo, O - objetivo, S - saúde, E - espaço adequado.

24

Urgência

As situações relacionadas ao abandono, aos maus-tratos e à negligência para com os animais domésticos são realmente muito críticas.

Os abrigos estão lotados. Algumas pessoas esquecem que estão lidando com uma vida quando pegam um animal e acabam cuidando dele de maneira errada: não o castram e, quando ele tem crias, abandonam os filhotes à própria sorte em qualquer lugar. Enfim, uma irresponsabilidade muito grande!

É urgente mudar essa situação. E essa mudança pode acontecer se cada pessoa agir de maneira responsável com os seus próprios animais.

Muitos pensam: será que é possível um lugar sem gatos e cachorros abandonados, vivendo nas ruas? É possível, sim!

A Holanda foi mundialmente reconhecida pelo trabalho impressionante e admirável de retirar todos os animais das ruas. Isso aconteceu após um duro processo de conscientização da população para o reconhecimento dos direitos dos animais.

Há muitos anos houve um surto de raiva entre a população holandesa, causado pela superpopulação de animais nas ruas. Por meio de projetos que informaram sobre o bem-estar dos animais e as suas consequências na vida dos seres humanos, o país reverteu aquela triste situação.

Incrível, não?

Agora é a nossa vez! Vamos fazer a mesma coisa no Brasil?

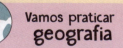

Vamos praticar geografia

Os continentes são as divisões do espaço terrestre elaboradas pelo homem para facilitar alguns tipos de estudos. O planeta Terra é composto por seis continentes: América, Europa, África, Ásia, Oceania e Antártida.
Com a ajuda de seu professor, encontre o continente americano, onde se localiza o Brasil, e pinte-o de vermelho.
Em seguida, encontre o continente europeu, onde se localiza a Holanda, e pinte-o de azul.

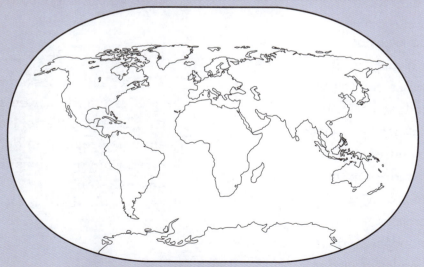

Resposta na página 32.

Voluntariado

Assim como existem pessoas que trabalham diariamente com animais em situação de maus-tratos, muitas outras não podem se dedicar integralmente a essa causa, porém identificam-se com ela e também querem ajudar.

Existe uma maneira muito legal de resolver essa situação: atuar como voluntário.

As pessoas podem ser voluntárias no tempo de que dispõem, dando somente aquilo que está dentro das suas possibilidades. Essa ajuda é sempre muito bem-vinda e faz uma diferença enorme na vida desses animais necessitados!

Você pode ser um voluntário das seguintes formas:

- oferecendo um lar temporário;
- apadrinhando um animal, levando ração, acessórios e outros itens necessários ao seu bem-estar;
- dedicando algumas horas de seu dia ou semana para ajudar na distribuição de alimento e água, passeando ou brincando com os bichinhos e ajudando em feiras de adoção;
- doando alimentos, cobertas, brinquedos, remédios, jornais, etc.;
- compartilhando as notícias, informações e animais vinculados às diversas instituições que executam esses projetos.

São várias as opções para fazer o bem aos animais. Sempre podemos ajudar!

Hora da matemática

A Uma instituição recebeu 3 caixas com doações de itens para animais. Na primeira caixa havia 15 itens, na segunda, 12 itens, e na terceira, 20 itens. Quantos itens a instituição recebeu ao todo?

B Em um abrigo há 35 animais. No sábado passado, esse abrigo recebeu 7 voluntários. Os animais foram distribuídos igualmente aos voluntários. Com quantos animais cada voluntário ficou?

C Na semana passada, 9 pessoas disponibilizaram sua casa para lar temporário. Havia 18 animais precisando de lar temporário. Com quantos animais cada pessoa ficou?

Respostas: A- 47, B- 5, C- 2.

Quando pensamos em amigo fiel, pensamos logo em um cachorro, não é? Cada um à sua maneira, eles são muito fiéis e, melhor, muito carinhosos.

Eles pedem pouco de nós: água, comida, cuidados, um abrigo seguro e confortável, além de carinho.

Em recompensa, eles sempre estão prontos para retribuir e agradecer por essa proteção.

Eles são animais que de fato amam os seus tutores, e tamanho amor é incomparável! Os cães são *wonderful*!

Escreva em inglês os nomes dos números que há em cada coração.

Respostas: A - three, B - five, C - six, D - eight, E - ten.

Xeque-mate

Xeque-mate é uma jogada de xadrez que representa o fim da partida. Pois bem, é isto que buscamos: o fim dos maus-tratos e mais conscientização das pessoas quanto ao bem-estar animal.

Nesse sentido, todos podemos atuar denunciando situações de maus-tratos. Caso você presencie uma ação ruim com algum animal, você pode:

• ir até a delegacia de polícia mais próxima da sua residência e fazer a denúncia;

• acessar o site da Delegacia Eletrônica de Proteção Animal (DEPA);

• ligar para o Disque-Denúncia Animal, ou ainda para a Polícia Militar Ambiental (PMA).

Não precisamos ter receio de denunciar, pois em todos esses canais de denúncia a sua identidade será preservada.

Seja um cidadão responsável: denuncie crimes de maus-tratos e não incentive trotes, pois isso é prejudicial a toda a sociedade.

Hora da matemática

Pedro presenciou uma ação ruim com um animal perto de sua casa. Ele precisa fazer uma denúncia. Para chegar até o telefone, Pedro precisa passar pelo caminho onde só há números pares. Pinte o caminho correto.

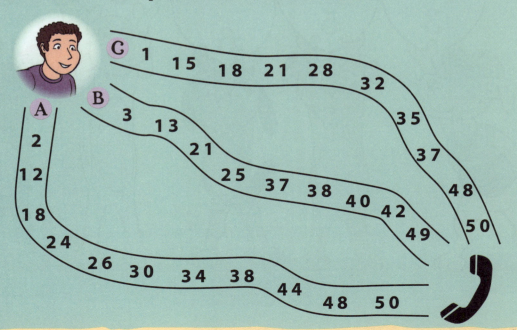

Resposta: A.

Yo-yo

Em uma bela manhã, uma família resolveu adotar um cachorro. Eles deram o nome de Yo-yo para o novo cãozinho. Com o passar do tempo, deixaram de cuidar do Yo-yo da maneira correta. Parecia até que aquela família havia se esquecido de que tinha um animal de estimação e que ele precisava de cuidados.

Então, essa família resolveu se mudar. Foram morar em outro lugar e abandonaram o cachorro na antiga casa. Ele ficou sem água, sem comida, passando fome, sede e frio e ficou muito triste.

A vizinha, percebendo a situação, começou a alimentar esse cachorro e decidiu fazer uma denúncia. Ela ligou para o Disque-Denúncia Animal e descreveu o que estava acontecendo.

Yo-yo foi resgatado e tratado pela equipe da Defesa Animal; após algum tempo, foi adotado por uma nova família.

Momento da língua portuguesa

O texto acima é baseado em uma história real. Esse caso não é o único. Existem muitos relatos de pessoas que abandonam os seus animais.

Agora que estamos quase no fim do *ABC do bem-estar animal* e que você já sabe o que é guarda responsável, descreva como deve ser a vida de Yo-yo com essa nova família. Depois, faça um desenho.

Z Zoonoses

Zoonoses são doenças de animais que podem ser transmitidas para os seres humanos. Geralmente, essas doenças são causadas por parasitas que podem estar no animal. As zoonoses também podem ser causadas por bactérias, fungos ou até mesmo vírus.

Há várias maneiras de evitar a transmissão das zoonoses. Cuidar dos nossos pets é fundamental para mantê-los longe das doenças e, consequentemente, cuidar da nossa saúde.

Visitas ao médico-veterinário, vacinas em dia e cuidados com a higiene dos bichinhos e do ambiente em que vivem são fundamentais para mantermos as zoonoses bem longe de nós.

Quem ama cuida!

Ciências em ação

Responda:

A Cite exemplos de parasitas comuns em animais.

B Existe uma zoonose citada neste livro causada por um vírus muito conhecido. Que doença é essa?

C Faça uma pesquisa e descubra outros nomes de zoonoses.

Respostas: A - Pulga, carrapato e ácaro. B - Raiva. C - Sugestão de resposta: leishmaniose, febre amarela, hantavírus, leptospirose, toxoplasmose.

Conclusão

Agora que chegamos ao fim, o que acha de fazer uma exposição na sua escola com seus amigos, apresentando os conhecimentos que adquiriram neste livro? Ou para sua família?

Desenvolva cartazes com informações e desenhos bem bonitos e vamos juntos em busca do bem-estar desses animais que só nos dão amor!

Com o auxílio de um adulto, tire fotos da exposição e poste nas redes sociais para que essa ideia se espalhe ainda mais.

Respostas

Página 20

Página 22

Página 23

```
A J F S U S S R X S T B Y
D Q G V Ã S A D C B N Ç M
T F R M A E U F S Ã Z R K
G B Á Z X W D V G J L G E
H D S A W H Á E Y M I Á G
J R D G T K V R Y D T T Z
D K H I G I E N E F N R W
I N V Y E Q L Ã Y P S V B
K H N T E L I G G N Ç I A
J O L I M T E L R O C D B
G B V M H U M F R V N A M
F D O E N Ç A S V B F D T
D A I N F H L G V E L E F
```

Página 25